torticoli
tortocoli
torticolo coli torticaca
colo torticoli
cola torticococlicli
torticoli
dire 100 fois la même chose

manger la neige

tirer les moustaches du chat

faire une montagne de purée

se fouiller dans le nez

marcher sur les mains

mettre deux pas pas pareils

Prêt pas prêt, J'Y VAIS!

Mon album d'enfance de 3 à 6 ans

HURTUBISE
HMH

Données de catalogage avant publication (Canada)
Savaria, Nathalie

Prêt pas prêt, j'y vais!
Mon album d'enfance de 3 à 6 ans
Pour enfants de 3 à 6 ans.
ISBN 2-89428-858-1

I. Villeneuve, Anne. II. Titre.

PS8637.A92M4 2004   jC843'.6   C2004-940422-9
PS9637.A92M4 2004

Les Éditions Hurtubise HMH bénéficient du soutien financier
des institutions suivantes pour leurs activités d'édition :
- Conseil des Arts du Canada;
- Gouvernement du Canada par l'entremise du Programme d'aide
  au développement de l'industrie de l'édition (PADIÉ);
- Société de développement des entreprises culturelles du Québec (SODEC);
- Gouvernement du Québec par l'entremise du programme de crédit
  d'impôt pour l'édition de livres.

Illustrations : Anne Villeneuve
Conception graphique et mise en page : Fig. communication graphique

© Copyright 2006
Éditions Hurtubise HMH ltée
Téléphone : (514) 523-1523 ■ Télécopieur : (514) 523-9969
www.hurtubisehmh.com

Distribution en France
Librairie du Québec / DNM
www.librairieduquebec.fr

Dépôt légal / 3e trimestre 2006
Bibliothèque nationale du Canada
Bibliothèque nationale du Québec

Imprimé en Chine

Prêt pas prêt, J'Y VAIS!

Mon album d'enfance de 3 à 6 ans

Pour toi encore, Alexis. N.S.

Pour Jasmine, ma belle fille de lumière, et pour Julius, son grand chevalier... A.V.

Écrit par Nathalie Savaria • Illustré par Anne Villeneuve

c'est moi!

Je m'appelle _____

_____

Je suis né(e) le _____

J'ai ____ ans.

Mon autoportrait ou une photo de moi.

Mon univers à moi, c'est... Maman!

Tu t'appelles
_____

Tu es née le
_____

Ton métier
_____

Ce que j'aime chez toi
_____
_____
_____

Ce que nous aimons faire ensemble
_____
_____

Mon plus beau souvenir de nous deux
_____
_____
_____

Ce que je rêve de faire avec toi un jour
_____
_____

Qu'est-ce que tu souhaites le plus pour moi dans la vie?
_____
_____

Une photo de toi, maman!

Papa!

Tu t'appelles
_____

Tu es né le
_____

Ton métier
_____

Ce que j'aime chez toi
_____
_____

Ce que nous aimons faire ensemble
_____
_____

Mon plus beau souvenir de nous deux
_____
_____

Ce que je rêve de faire avec toi un jour
_____
_____

Qu'est-ce que tu souhaites le plus pour moi dans la vie?
_____
_____

Une photo de toi, papa!

Mes frères et sœurs !

Mes frères et sœurs s'appellent

_____

_____

Ce que j'aime faire avec eux

_____

_____

Je suis enfant unique, mais j'ai quelqu'un qui m'est cher.

_____

Moi, j'ai été adopté(e) le

_____

Mon pays d'origine est

_____

Racontez-moi, maman et papa, quelques souvenirs

de mon arrivée !

_____

_____

Voici un dessin de nous tous !

Ma famille recomposée!

Ma belle-mère

_____

_____

Mon beau-père

_____

_____

Mes demi-frères et demi-sœurs

_____

_____

_____

Quelques photos que j'aime!

Mes mamies et mes papis!

Du côté de maman

Du côté de papa

Je les aime parce que

Ensemble, nous faisons toutes sortes d'activités!

Une photo avec mes grands-parents!

Il fait aussi partie de la famille.
Mon animal préféré !

Il s'appelle

C'est

☐ un chat   ☐ un chien

☐ un ou des poissons   ☐ un autre animal

C'est

qui me l'a offert, quand j'avais   ans.

Ensemble, nous faisons

Il a toute une personnalité, mon animal !

Je vous raconte ses meilleurs coups.

Une photo ou un dessin de moi avec mon animal préféré !

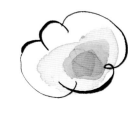

Il y a aussi...

Les ami(e)s de ma rue!

Les garçons

_____

_____

Les filles

_____

_____

Ce que j'aime faire avec mes ami(e)s

_____

_____

_____

_____

Ensemble, on s'amuse et on n'est pas toujours sages…

Nos bons coups

_____

_____

_____

Nos mauvais coups

_____

_____

_____

_____

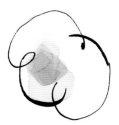

Et mon premier amour...

Il ou elle s'appelle
_____

Notre première rencontre a eu lieu
_____

Je l'aime parce que
_____

Ensemble, nous faisons
_____

Je t'écris un petit mot doux, rien que pour toi !
_____

_____

_____

Une photo ou un dessin de nous deux !

Mon royaume, c'est...
Ma chambre !

Voici à quoi elle ressemble.

_____
_____
_____
_____

Ce que j'aime le plus dans ma chambre

_____
_____
_____

Mes jouets préférés

_____
_____
_____

Une photo ou un dessin de ma chambre.

Le soir avant de m'endormir...
J'aime qu'on me raconte des histoires!

C'est
_____
qui me raconte des histoires avant d'aller au lit.

Mes histoires préférées
_____
_____
_____
_____

Mes personnages préférés
_____
_____
_____

La nuit, je fais parfois...

Des rêves! Voici le plus beau.
_____
_____
_____
_____

Et des cauchemars! Voici le plus affreux.
_____
_____
_____
_____

J'aime bouger et me divertir...
Mes sports et activités préférés

Quand il fait chaud
_____

Quand il fait froid
_____

J'aime faire du sport avec
_____

Mon souvenir le plus cocasse
_____
_____

Télé, ciné et musique, j'ai mes préférences!
Mes émissions de télévision favorites
_____
_____

Mes films coups de cœur
_____
_____

Les chansons que j'écoute tout le temps
_____
_____

Une photo ou un dessin de moi en action.

Mais aussi ne rien faire !
Vive la paresse !

Mes moments de détente préférés

_____

_____

_____

Mes endroits favoris pour paresser

_____

_____

_____

Mes positions préférées

_____

_____

_____

Une photo de moi en flagrant délit de paresse !

J'ai de la jasette...

Les mots que j'aime répéter

Les expressions que j'affectionne

Les mots que j'ai du mal à prononcer

Et là la princesse était très gentille et très belle et très fine et tout le monde l'aimait et elle allait se marier et le prince s'est changé en carotte et...

Et toute une personnalité !

Je suis de bonne humeur lorsque

_____

_____

Un de mes plus grands moments de joie

_____

_____

Je me mets en colère lorsque

_____

_____

_____

_____

_____

Une scène de colère mémorable

_____

_____

Je pleure lorsque

☐ je me fais un bobo   ☐ je suis malade

☐ je me fais vacciner   ☐ quelqu'un s'en va

☐ je n'ai pas ce que je veux   ☐ j'ai faim

Un de mes plus gros chagrins

_____

_____

_____

_____

J'ai de l'imagination à profusion!

J'aime...

Dessiner avec

☐ des crayons de couleur

☐ de la peinture

☐ de la craie

Un de mes dessins!

Une photo de l'une de mes constructions.

Bricoler avec

☐ les outils de papa

☐ du carton

☐ de la colle et des ciseaux

Construire

☐ des cabanes

☐ des châteaux de sable

☐ des objets avec des blocs de plastique

Inventer des histoires…

D'ailleurs, si j'étais un personnage, je serais

Les petits plats, c'est extra!

J'aime plutôt

☐ le sucré   ☐ le salé

Mes mets préférés sont

Je n'aime pas

J'ai déjà fait quelques expériences culinaires…

Voici d'ailleurs une anecdote succulente !

Mais les bonbons, c'est encore mieux !

Mes bonbons préférés sont

_____

_____

Qui me les offre?

_____

_____

Je les achète à ces endroits

_____

_____

_____

_____

Le papier d'emballage de mon bonbon préféré.

J'adore la fête...

Surtout lorsque c'est mon anniversaire!

Mon meilleur souvenir d'anniversaire

_____

_____

_____

Les invités

_____

_____

_____

Les cadeaux que j'ai reçus

_____

_____

Quelques photos de mes différents anniversaires.

Et toutes les occasions de fêter sont bonnes !
L'Halloween !

Je fais la tournée d'Halloween avec
_____

Je me rappelle une de mes fêtes d'Halloween
_____
_____
_____

Mon plus beau costume
_____
_____

Mon souvenir le plus hilarant
_____
_____
_____

Noël!
c'est magique!

Je pense à Noël dès
_____

Pour moi, le père Noël c'est
_____
_____

Comment se déroule cette fête chez moi
_____
_____
_____
_____
_____

Les plus beaux cadeaux que j'ai reçus
_____
_____
_____

J'écris un mot au père Noël !
_____
_____
_____
_____
_____
_____
_____
_____
_____

Mes meilleures photos de Noël.

Et beaucoup d'autres fêtes !

Voici mes meilleurs souvenirs !

La Saint-Valentin

_____

_____

_____

Pâques

_____

_____

_____

La fête des Mères

_____

_____

_____

La fête des Pères

_____

_____

_____

Ma vie, c'est aussi...
La garderie !

Le nom de ma garderie est
_____

Son adresse est le
_____

C'est
☐ une garderie en milieu familial
☐ un CPE (Centre de la petite enfance)

C'est
_____
qui m'amène à la garderie le matin.

Mon éducatrice s'appelle
_____

Ce que j'aime chez elle
_____
_____

Un dessin ou une photo de mon éducatrice !

Une photo ou un dessin de mon groupe.

Tou(te)s mes ami(e)s sont là !

Le nom du groupe auquel j'appartiens
_____
_____

Voici les noms de mes ami(e)s !
_____
_____
_____
_____
_____
_____

Parmi eux, il y a…

Ma meilleure amie

Mon meilleur ami

Je l'aime parce que
_____
_____

Ensemble, nous jouons
_____
_____

Une journée à la garderie!

J'arrive le matin vers _____ heures.

Je pars en fin de journée vers _____ heures.

Le matin, en règle générale, je suis

☐ d'excellente humeur

☐ maussade

☐ endormi(e)

☐ triste parce que papa et maman ne sont pas là

Mon horaire !

Voici comment se déroule ma journée.

Le matin, je fais
_____
_____

À l'heure du repas, j'aime manger
_____
_____

Après, c'est l'heure du dodo !

Je fais la sieste

☐ avec ma doudou préférée

☐ avec mon toutou préféré

☐ avec ma suce

☐ tout(e) seul(e), comme un(e) grand(e) !

En après-midi, je fais
_____
_____
_____

Ce que je fais à la garderie...

Je coche mes préférences et je les décris.

☐ Danser et faire du sport

_____

_____

☐ Chanter !

_____

_____

☐ Créer !

_____

_____

☐ Écouter des histoires !

_____

_____

☐ M'amuser !

_____

_____

_____

Quelques photos souvenirs.

Et le plaisir que j'ai !

Les sorties et les fêtes que j'ai adorées le plus !

Sniff! C'est terminé!
Je quitte la garderie...

Le _____

Je me sens _____

La garderie souligne notre départ en organisant une fête. _____

Voici comment elle s'est déroulée.

_____

_____

_____

_____

_____

_____

Une photo de cette fête mémorable!

Mes plus belles créations sont ici dans...

Ma collection de souvenirs!

Je les colle ici.

Maintenant, je joue dans la cour des grands, car...
J'entre à la maternelle!

J'ai fait ma première visite à la maternelle le

Le nom de mon école est

Un dessin de mon école

Je m'y rends

☐ à pied

☐ en autobus jaune

☐ en automobile, avec papa ou maman

Mon train-train quotidien!

Je commence la classe à _____ heures.
_____

En matinée, je fais ces activités
_____
_____
_____
_____

Ce que j'aime faire à la récré…
À l'intérieur
_____
_____
_____

Au grand air
_____
_____
_____

C'est l'heure du repas!
_____

Je mange

☐ dans la classe

☐ à la cafétéria ☐ à la maison

Voici la liste de mes mets préférés.
_____
_____
_____

En après-midi, je fais

☐ la sieste ☐ d'autres activités

☐ je vais jouer dehors ☐ un peu tout cela

Ma journée est terminée. Je vais

☐ à la maison ☐ au service de garde

Ma photo de classe !

Mon enseignante !

Elle s'appelle
_____

Ce que je pense d'elle
_____

_____

_____

_____

_____

Le portrait de mon enseignante !

Mes activités préférées à l'école !

Je coche mes activités favorites et je les décris un peu.

☐ Architecte !

Je construis

_____

_____

☐ Artiste en herbe !

Je dessine, je découpe, je colorie

_____

_____

☐ Oreille musicale !

J'écoute de la musique et j'apprends des chansons

_____

_____

_____

☐ Écrivain(e) !

J'apprends des lettres

et j'écoute des contes et des histoires

_____

_____

☐ Bosse des mathématiques !

J'apprends des chiffres

_____

_____

☐ As du clavier !

J'apprends à me servir de l'ordinateur

_____

_____

_____

☐ Comédien(ne) !

Je participe à de petits sketchs,

je joue avec des marionnettes ou je me costume

☐ Athlète en devenir !

Je fais du sport

☐ Génie en herbe !

Je découvre la nature qui m'entoure

et je fais des expériences scientifiques

c'est du sérieux !

Je connais des chiffres et des lettres

Je les écris dans mon album.

Des chiffres

5

Des lettres

j

Peut-être même que j'écrirai mon nom au complet ! Prêt pas prêt, j'y vais !

Youpi !
Une sortie avec l'école !

Avec l'école, nous sommes allés

_____

_____

Voici comment s'est déroulée notre sortie.

_____

_____

_____

Ce que j'ai aimé !

_____

_____

_____

Ce que j'ai moins aimé !

_____

_____

Une photo souvenir ou un dessin de cette journée.

L'année est finie !
Et la maternelle aussi !

Ce que je pense de mon année à la maternelle

J'ai aimé…

J'ai moins aimé…

Mon plus beau souvenir

L'école souligne la fin de notre maternelle

en organisant une fête. Voici quelques beaux moments !

Une photo de l'événement !

Mes plus beaux dessins et découpages!

Je les colle ici.

Ah, les beaux jours!
Mes premières vacances d'été...

Je peux enfin
_____
_____

Ce que je fais avec mes ami(e)s
_____
_____
_____

Ce que je fais avec ma famille
_____
_____

Mon plus beau souvenir
_____

Mon souvenir le plus triste
_____
_____

Un dessin de mes vacances!

Et mes souvenirs les plus chouettes!

Je les colle sur cette page.

Mission accomplie! J'ai grandi!
Je rentre bientôt en première année...

Une photo de moi bébé.

Une photo de moi maintenant.

cueillir un bouquet
de pissenlits

ne marcher que
sur les craques du
trottoir

chercher un trèfle
à 4 feuilles

sauter dans une flaque
d'eau

tremper le doigt
dans la confiture

regarder tomber la
poussière d'étoiles